그래서 어쨌단 말이냐

이재준 시집
## 그래서 어쨌단 말이냐

**1판 1쇄 발행** 2025년 4월 16일
**1판 2쇄 발행** 2025년 4월 28일

**지은이** 이재준
**펴낸곳** 도서출판 비엠케이

**편집** 김도형
**그림** 이고영
**디자인** 아르떼203
**제작** 올복컴퍼니

**출판등록** 2006년 5월 29일(제313-2006-000117호)
**주소** 121-841 서울시 마포구 성미산로10길 12 화이트빌 101
**전화** (02) 323-4894 **팩스** (070) 4157-4893
**이메일** arteahn@naver.com

ⓒ 2025 이재준
저작권자의 사전동의 없이 이 책의 전재나 복제를 금합니다.

값은 뒤표지에 있습니다.
ISBN 979 - 11 - 89703 - 84 - 4  03810

# 그래서 어쨌단 말이냐

이재준 시집

Bmk

서문

# 누구나 시를 쓰고 싶을 때가 있다

오십이 넘어선 어느 날 새벽이었다. 그날은 아침 일찍 한 시인의 강의가 예정된 독서 모임이 있었다. 그 시인의 시집을 읽다가 오래전에 쓴 시가 생각나 서재를 헤매기 시작했다. 한참 후 책장 구석에서 낡은 수첩을 발견했다. 거기에 빼곡히 쓴 시가 있었다.

그때부터였던 것 같다. 시를 다시 쓰고 싶었던 것이. 시를 쓰고 시간 속에 묵힌 다음 다시 읽는 기쁨이 이런 것이었다. 오래된 보물을 발견한 것 같은 환희. 내가 썼을 때의 의미와 느낌과는 또 다르게 세월이 지나면서 발효되어 다양한 풍미를 가지는 음식처럼 많은 생각을 던져주었다. 시가 다르게 다가왔던 이유는 세월을 견뎌낸 내 삶과 그동안 축적된 지식의 파편들이 단어와 문장을 바라보는 인식의 폭과 개념을 변화시켜서 일 것이다.

사람은 저마다의 언어를 가지고 있다. '엄마'라는 단어가 모두에게 같은 '엄마'를 떠올리지 않듯이. 우리가 완벽하게 소통한다고 생각하는 것은 어쩌면 원래 불가능한지도 모르겠다. 결국 각자의 언어로 말하고 이해하고 살아간다. 그래서 우리는 모두 시인이다.

시가 가지는 묘미는 이런 것 같다. 다른 사람의 언어를 자기만의 언어로 이해하기. 게다가 같은 시라도 시간이 흐르면 다른 느낌과 의미를 던져준다. 그래서 시는 수만 가지의 의미로 확장된다. 그 과정에서 자신과 언어적 파동이 맞는 글을 딱 만날 수도 있다. 그런 단 한 문장 한 단어를 찾아서 사람들은 오늘도 시의 바다 위를 떠돈다.

예전에 쓴 글이 시간 속에서 변하는 모습은 나에게 커다란 기쁨이다. 지금의 글이 아마 먼 훗날의 나에게도 그러할 것이다. 그리고 그런 즐거움을 느끼는 분이 많이 생겼으면 좋겠다. 나만의 언어로 나만의 시를 읽고 쓰는 일은 이 광활한 우주에 오직 자신만의 파동을 새겨 넣는 일일 것이다. 그리고 먼 훗날 언젠가 나의 파동과 화음을 이루거나 증폭되어 울려 퍼지는 누군가를 만날 거라는 바람이 아닐까.

그럴 수만 있다면 나는 정말 행복할 것 같다.

2025년 봄
나의 조그만 서재에서

차례

# 1 _____

| | |
|---|---|
| 아버지 | 013 |
| 파피용 2 | 014 |
| 상념 | 017 |
| 버드 | 019 |
| 시체는 해부실에 있다 | 021 |
| 갈수록 | 023 |
| 상여 | 024 |
| 왜 멘솔 담배 피우냐고 물으면 | 026 |
| 벽 속의 피노키오 | 028 |
| 화력발전소 | 030 |
| 면 반창고 | 031 |
| 찬바람 쌩쌩 | 032 |
| 인턴이 없는 인턴 숙소 | 034 |
| 조그만 찻집 | 036 |
| 김남주의 죽음 ; 1994. 2. 13. | 037 |

서문  누구나 시를 쓰고 싶을 때가 있다                           004

| | |
|---|---|
| 떠나간 친구에게 | 039 |
| 악몽 | 041 |
| 극장 | 042 |
| ARREST | 044 |
| 물개 쇼 | 046 |
| 분만실 밖 하늘 | 047 |
| 왜 하필 | 049 |
| 회한 | 051 |
| 어느 시골길 모퉁이 찻집 | 053 |
| 출근 | 055 |
| 사랑니 | 056 |
| 푸른 하늘 | 057 |
| 언제인가 | 059 |
| 타락 | 061 |
| 바람 | 062 |
| 아르바이트 | 063 |
| 땡칠이 | 064 |

# 2

| | |
|---|---|
| Vanishing Twin | 067 |
| 슬픈 바이브레이터의 추억 | 069 |
| 각설이 | 071 |
| 결정 | 072 |
| 처음은 사랑이 아니다 | 074 |
| 빛 | 076 |
| 붉은 돼지 | 077 |
| 향 1 | 079 |
| 비행 | 080 |
| DNA | 081 |
| 고구려 | 083 |
| 당신도 그러하겠지 | 084 |
| 탯줄 | 085 |
| 담쟁이 | 086 |
| 용이 출몰하는 사회 | 087 |
| 그리움 1 | 088 |
| 그리움 2 | 090 |
| 당부 | 091 |

| | |
|---|---|
| 카톡 | 092 |
| 택도 없다 | 093 |
| 나의 비문 | 094 |
| 그래서 어쨌단 말이냐 | 095 |
| 보이지 않는 먼지 | 098 |
| 꽃과 나무 | 099 |
| 소통 | 100 |
| 사랑한 후에 | 101 |
| 죽는 줄도 모르고 | 102 |
| 존재 | 104 |
| 부끄러움 | 106 |
| 심장병 | 107 |
| 향 2 | 108 |
| 미토콘드리아 | 110 |
| 죽음과 고통 | 111 |

발문  소리로 접신(接神)하고 시로 주해(註解)하다    112

1_____

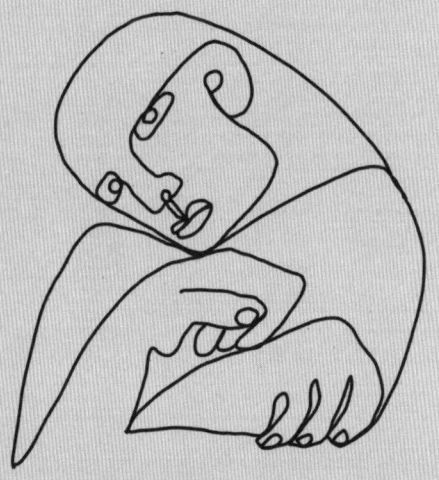

누구나 시를 읽고 싶을 때가 있다

# 아버지

거울 속에 비친 나의 모습이
꼭 아버지 같습니다.
나는 아버지를 닮아가나 봅니다.

걸어가는 나의 뒷모습이
꼭 아버지 같습니다.
나의 행동도 아버지와 같나 봅니다.

화를 내고 웃는 모습도
모두 다 아버지 같다고 합니다.

그렇게 아버지는 내 속에 자신을 심었나 봅니다.

## 파피용 2

검은 복도를 버석버석 걸어서
커다란 철문을 넘어서면
뛰어나온다 파피용 1이
하지만 철조망 너머 2는 아직도
일어나지 못했다.

숨을 헉헉 낑낑대며
몸을 가누려 애쓰지만 힘이 든다.
주둥이에 박혀있는 쇠창살 사이로
부러진 뼈와 살들이 보였다.

매일 매일 밥을 주러 가지만
2는 항상 으르렁거리는 모습으로
덮칠 듯 거세게 덤벼오곤 했다.

수술 후 엎드려 있는 모습은
오히려 불쌍하기까지 하다.
나를 쳐다보는 눈에 눈물이 고였다.

아침에 위험을 무릅쓰고 놈의 재갈을 풀었다.
하지만 별다른 반항이 없다.
철조망 문을 닫을 때
햇살에 비친 얼굴에 침이 흐르고 있다.

한 놈, 두 놈, 세 놈……
먹여 살려야 한다.
식당에 밥을 얻으러 가면
언제나 마음이 뿌듯하다.
아빠의 마음이 이럴까?

철문을 열자
놈들은 어김없이 허겁지겁 뛰어온다.
내가 그리운지 밥이 반가운지

그런데 파피용 2가 조용하다.
어둑어둑해지는 철조망 안쪽에
뻣뻣하게 굳어있는 눈은 하늘을 향해 있다.

흔들었지만 반응이 없다.
철사를 박아놓은 입이 꿈쩍도 하지 않는다.

하지만 파피용 2는 마침내 자유를 얻었다.

영원한 자유를!

---

\* 의과대학에는 동물 실험을 하는 시설이 많다. 동물 중에서 개는 실험의 중요한 도구였다. 그래서 생리학, 생화학, 해부학 등 기초의학뿐만 아니라 성형외과, 피부과, 정형외과, 일반외과 등의 의국(醫局)에서도 실험을 위해 사육한다. 그런 개들을 관리하는 역할은 이제 갓 의사가 된 인턴의 몫이었다.

## 상념

아픈 머리를 부여잡고 생각해 보지만
쉽게 밝혀지지 않은 사실은
왜 나의 고정관념이 나의 무의식 속에 갇혀 있냐이다.
문득 무엇인가 철창 자물쇠를 비스듬히 잡고 있다는
생각이 뇌리를 스쳤다.
그래서 고정관념을 탈출시키기 위해
광인의 열쇠를 사용해 탈출을 시도했지만
꿈쩍도 하지 않는 상념이 나를 비웃듯이 쳐다보았다.
나는 견디지 못하고 머리를 쥐어뜯었다.
하지만 여기에서 포기할 수 없기에
고정관념의 친구인 도덕과 그의 부인 사회질서에
추파를 던져보았다.
둘을 이용한 접근 수단을 법망에서도 잡아내지
못하리란 쾌감을 느끼면서
나는 마침내 고정관념의 감옥을 파괴하기에 이르렀다.
아무도 이 일을 알지 못했고 FBI, CIA 심지어
안기부조차 눈치채지 못했다.
나는 의기양양하게 자물쇠를 열고 안에 있는 것을
꺼내어 주었다.

하지만 이미 나는 내가 만든 상념의 새로운 고정관념 속에
또 갇혀버리고 말았다.
그래서 나는 생각했다.
내가 만든 새로운 고정관념을 깨기 위해서 무엇을 해야 할까?
스스로 결론을 내렸다.
내 스스로 나를 잊는 것.
그 이후론 아무런 생각도 떠오르지 않았다.
다만 소리만이 들렸다.

지지지…….

---

\* 광인: 미셸 푸코의 『광기의 역사』를 보면 광인은 빠져나갈 수 없는 배에 갇혀 여러 갈래의 지류가 있는 강, 수많은 항로가 있는 바다와 같은 많은 불확실성에 내맡겨진다. 광인은 가장 자유롭고 가장 개방적인 길 한가운데에 갇혀 있는, 즉 끊임없이 이어지는 교차로에 단단히 묶여 있는 포로이다. 광인은 전형적 여행자 다시 말해서 이동 공간의 포로이다. 그래서 사람들은 광인이 자리를 잡을 때 그가 어느 지역에서 왔는지 모르듯 이 광인이 닿을 지역을 알지 못한다. 광인은 그에게 속할 수 없는 두 지역 사이라는 그 불모의 영역에서만 자신의 진실과 고향을 찾을 뿐이다.
– 미셸 푸코 지음, 이규현 옮김, 『광기의 역사』, 나남, 2020, 57쪽 참조.

# 버드

악마의 속삭임
광란의 미사가 들려온다.

푸른 등허리를 감고 있는
커다란 관은
뱀 대가리 같구나!

도대체 몇 명을 잡아먹어야
너의 배가 찰지 모르지만

오늘도 먹이가
너의 아가리 밑에 있다.

색색거리며 다가오는
너의 숨 가쁜 소리에
나는 미쳐버릴 것만 같다.

푸른색을 가장한 슬픔이여
인공호흡기는 오히려 구원의 화신이다.

네가 이 지구상에서 없어지는 날
죽음은 그만큼 멀어지리라.

자 들자, 망치를!
그리고 모두 부숴버리자.

하얀 미소 뒤에 숨은
악마의 얼굴을
갈기갈기 찢고 싶구나.

하지만 오늘도 너는
푸른 웃음으로 나를 바라보고 있다.
소름 끼치리만큼.

* 버드: 이미 사망했거나 회생할 가능성이 없는 환자에게 자발 호흡이 있는 것처럼 보이기 위해서 사용한 인공호흡기다. 환자의 가족이 도착하여 사망선고를 내릴 때까지 사용되었다. 인공호흡기로서 기능이 거의 없는 이유로 30년 전부터 병원에서 사라지기 시작했고 지금은 사용하지 않고 있다. 푸른색이다.

## 시체는 해부실에 있다

퀴퀴함, 음침함, 악몽, 악마, 지옥
어떠한 단어로도 표현할 수 없는 곳

나는 오늘도 기타를 둘러메고
서클룸으로 향한다.

놈은 아가리를 쩍 벌리고 혀를 날름거리며
나를 유혹하고 있다.

모른척하고 돌아서는 나의 뒷모습을
비웃는 듯하다.

비 오는 날 서클룸은 공포감에 휩싸인다.

몇 구나 들어왔을까?

두려움과 음침함이 호기심에 짓눌리면서
나는 결심했다!

시체 해부실로 가기로

시체는 해부실에 있기에

* 낼름거리다: '날름거리다'의 방언(경북, 전남).
* 해부실: 실습을 위한 카데바(해부학 실습에 사용되는 시체)는 기증받 거나 학교에서 구입한다. 보통 실습을 위해서 포르말린 탱크에 보관 되며 일반적으로 시체 해부실에 부속된 별도의 방에 보관된다. 의대 생 시절 내가 활동했던 록밴드 동아리 방이 바로 학교 지하실에 있 었던 해부학 실습실 바로 옆이었다.

## 갈수록


갈수록 나빠지는 환자 상태
갈수록 무거워지는 내 마음

내 머릿속 메피스토펠레스는 갈수록 나를 빤히 쳐디본다.
괴리 속에 빠진 모습을 비웃듯

짧아져가는 담배꽁초는 환자의 생명
길어져가는 담배 연기는 휘날리는 환자의 소복

짙어져가는 병실의 어쩔 수 없는 비참함
그 속에 검게 웃고 있는 너

갈수록 죽음에 다가서는 환자의 상태
갈수록 짓눌리는 내 마음

---

\* 메피스토펠레스(Mephistopheles) : 파우스트 전설에 등장하는 악마.

## 상여

싫다!

조그마한 응급차 뒷좌석에
나를 구겨 넣는 병원

칙칙하고 퀴퀴한 냄새
이미 죽어버린 환자 옆 오열하는 가족

나는 애써 아무렇지도 않은 듯 가장한다.

커튼으로 가려진 바깥을 보고 싶다는 충동이 들었지만
참아버렸다.

한 손에 든 엠부백만 신경 쓰자.
환자가 살아 있다고 믿는 보호자의 눈길이 거기에
머물고 있다.

마치 내가 썩어가는 느낌이 든다.
구토를 참는다.

등에서 식은땀이 흐른다.

가도 가도 끝이 없는 목적지
반복되는 손가락 운동

근육을 서서히 압박해 온다.

그만둘 순 없다.

집에 가서 사망선고를 내리기 전까지

* 앰부백(ambu bag): 수동식 인공호흡기.
* hopeless discharge: 한국의 장례문화에서는 객사한 사람의 귀신은 구천을 떠돈다는 이야기가 있다. 지금의 장례식장 문화가 일반화되기 전, 대개는 집에서 상(喪)을 치렀다. 당시 병원에서 사망 직전의 환자나 사망한 망자를 앰뷸런스로 집까지 모셔다드리는 'hopeless discharge'라는 독특한 제도가 있었고, 사망선고를 하고 진단서를 발부하기 위해 의사 초년생인 인턴이 앰뷸런스에 동승해 환자를 모시고 집으로 갔다.

# 왜 멘솔 담배 피우냐고 물으면

왜 멘솔 담배 피우냐고?
목이 아프지 않냐고?
혀가 갈라지지 않느냐고?

가난한 날에 한 개비의 추억을 가장 잘 대변해 주기 때문에
학교 소각장 뒤에서 숨어 피던 맛을 가장 잘 살려주기 때문에
슬픔의 눈물을 흘리면서 울고 있던 회상이 되살아나기 때문에
산꼭대기에서 먼 곳을 바라볼 때 같은 상쾌한 느낌을 주기 때문에
배고픔의 쓰라림을 나에게 안겨주기 때문에
그녀가 떠났을 때 피웠던 담배이기 때문에
대학 시험에 떨어졌을 때 피웠던 담배였기 때문에
철없는 시절에 친구와 열변을 토하며 피웠기 때문에
군대 가는 친구와 밤새 술을 마시고 훈련소 입구에서 피웠던 담배이기 때문에

그리고 그녀를 만났을 때 다시 피우고 있었던
담배였기 때문에

누가 왜 멘솔 담배 피우냐고 묻거든

나는 웃음으로 대답한다.

## 벽 속의 피노키오

할아버지의 말을 듣지 않고
여우와 고양이를 따라가는
피노키오 그림이 소아병동에 있다.

착한 얼굴 귀여운 몸짓으로 나를 보지만
피노키오는 인간이 되기 전
많은 고통을 받게 된다.

어른의 말을 잘 들어야
착한 아이가 된다며
거짓말하면 커지는 코도 만들어냈다.

하지만 작은 코의 성엽이는 촛불이다.
고통을 당하든 역경을 이겨내든
피노키오보다 무엇을 잘 못했을까?

거짓말도 못 할 것 같은데
피노키오는 누워있는 아이보다 행복하다.
나쁜 어른이 되는 것보다 더 좋은 건가?

엄마 아빠의 말을 잘 듣는
천사 같은 아이의 얼굴이
촛불에 흔들리며 웃고 있다.

## 화력발전소

어둑한 저녁
빨간 노을 사이로
검은 연기가 솟구친다.

각진 굴뚝
검게 그을린 유리창 안에는
로봇이 들어있을 거야 생각했다.

아침이 되자
굴뚝의 검은 연기는 사라졌다.
자기의 내장을 모두 토해 놓은 듯이

맥없이
푹 땅바닥에
주저앉았다.

* 화력발전소: 내가 이십 대를 살았던 곳은 부산광역시 사하구 감천동이었다. 주로 가난한 사람들이 모여 산 그 동네에는 화력발전소가 있었다. 창 너머로 저녁부터 아침까지 시커먼 연기를 뿜어내는 굴뚝을 항상 바라보곤 했다. 2025년에도 화력발전소는 운영되고 있다.

# 면 반창고


아무 잘못 없지만
너를 찢어야 하는 내 마음 아리다.

누런 가죽옷을 입고
본모습을 아래에 감춘 채
뚫어진 가슴으로 세상을 보여준다.

끊이지 않는 서러움이
한 겹 한 겹의 가락 속에 드러나지만
끝끝내 뻥 뚫린 플라스틱으로 남고 마는
기구한 운명

아픔의 순간마다 너의 몸 사라지면
그때 서야 뽀얀 속살 다시 돋아난다.

하지만 나는 오늘도 너를 찢으며
히죽 웃어본다.

네가 주는 쾌감 때문에

## 찬바람 쌩쌩

친구야!

38선에는 무척 차가운 바람이 쌩쌩 불겠구나.
이곳 응급실은 히터를 켜놓아 훈훈해.

그곳은 따뜻한 봄바람이 필요하겠지만
여긴 따뜻한 사람이 필요하네.

피를 토하며 죽어가는 아저씨
심장이 멎어 죽어있는 할아버지
교통사고로 온몸이 일그러진 젊은 애

배 아픈 아이
토하는 아주머니
이 곁에서 히터 바람은 따뜻해.

하지만 내 마음은 38선처럼 차갑네.

다른 사람 간도 콩팥도 이식하고

죽은 사람도 살릴 수 있다고 생각했는데.

어느 틈에
가슴이 답답하다던 할머니는
그렇게 뒷전에서 싸늘하게 죽었네.

친구야!

88올림픽, 엑스포 개최로
세계만방에 이름 떨친
대한민국 응급실에서 말이네.

# 인턴이 없는 인턴 숙소

시커먼 새벽녘
부스스한 머리 구겨진 바지를 입고
병동으로 걸어간다.

히포크라테스의 선서는
깨지 않는 잠 모양
구겨진 구두 밑에 깔려 있다.

끊임없이 반복되는
무의미한 일상의 일들
환자에게 던져지는 불친절

쏟아지는 잠을 쫓아내며
입술을 깨물어 보지만
접질리는 다리는 펴지지 않는다.

허기가 조금씩 조금씩 밀려올 때
나는 갈등한다.
라면이 있는 숙소를

그곳에선 자존심은 사라지고
쓸쓸함과 피곤이 남았다.

\* 병원의 많은 인턴이 음식 배달을 시켜 먹는다. 나는 인턴 시절 가까운 친구에게 빌려준 돈을 받지 못해서 은행 빚을 카드로 돌려막기하고 있었다. 항상 병원 식당에서 밥을 먹었다. 하지만 바쁜 일과로 시간을 놓치게 되면 인턴 숙소에 있는 음식과 라면을 시간이 날 때마다 먹을 수밖에 없었다.

# 조그만 찻집

많은 사람이 지나다니는 길 옆 골목 안
조그마한 찻집

비 오는 날
사람이 북적이는
바깥에서는 상상할 수 없는
고요함을 지닌 곳

이층으로 오르는 계단에는
생강, 잣, 밤 등의 향기가 촉촉이 배어 있고
문풍지가 창문 옆에서
비바람 소리에 파르르 떨리고

오랜만에 병원에서 나온 나에게
이 조그만 곳의 고요함은
마음의 짐을 잠시 내려놓고 누울 수 있는

많은 사람이 다니는 골목 안 이층
영혼의 찻집

## 김남주의 죽음 ; 1994. 2. 13.

신문 한구석에 실린 조그마한 기사가
잊고 있었던 나의 마음에 파고를 일으켰다.

십 년을 옥살이하다,
석방 후 죽어가는 몸을 이끌고
묵묵히
함박웃음 머금은 채 살다 간
김남주 시인의 부고였다.

학생 시절 나의 영혼에 불을 댕기던
그분의 시
조국의 하늘을 항상 푸르게 바라본
시인

문 목사님은 하늘로 가시고
얼굴 없는 시인은 감옥에 있고
쩌렁쩌렁 울리던 백기완 선생님은
집을 팔았다고 한다.

월급을 받고 차를 사고 친구를 만나고
즐기고 놀러 갈 장소가 생기면서
무뎌질 만큼 무디어 버린 이성의 칼날
그리고 무관심과 무감각들이
나를 망각 저편으로 몰아가고 있을 때
시인은 조용히 죽어가고 있었다.

왜 그 푸른 마음을 잃었던가.
왜 그 많은 영혼을 잊었던가.
스스로 질문해 보지만
가슴이 아픈 것만으로도 해결되지 않는
나 자신이 부끄러웠다.

# 떠나간 친구에게

친구야
오늘 너의 누워있는 모습을 보니
너와 함께한
지난 시간이 떠오른다.

친구들을 무척 잘 웃겼던 너
심각한 고민은 가슴 한구석에 묻고
항상 웃는 얼굴로 다른 이를 대했던 너
싸움도 많이 해서
한참을 서먹서먹했던 너와 나

너의 싸늘한 모습이
한 줌 재가 되는 것을 보면서
내 마음 칼날로 그은 듯 아프게 저며든다.

인간의 몸은 C H O 원자로 구성되었고
그 원자가 언젠가 다른 생명으로 돌아간다고
애써 슬픔을 속여 보지만
한 줌 가루 되어 공중에 흩날리는 너를 보면서

내 영혼도 떠돌며 흩어졌다.

아무쪼록 가는 그곳
추운 이 땅보다 따뜻하길 빌며
행복하게 살아라.

결혼도 하고
아이도 낳고
재미있는 이야기도 그쪽 사람들에게 들려주면서

흐릿한 네 모습이
오늘따라 보고 싶구나!
친구야

# 악몽

산모가 가득 찬 분만실을 머리를 싸매며 뛰어다닌다.
초음파로 본 산모 뱃속에는 세 명의 쌍둥이가 보이고
밑으로 피를 뿜어내는 산모는 얼굴이 백지장처럼
싸늘해져 갔다.

악몽이었으면 했지만 현실이었다.
산통에 소리를 지르는 산모는 힘을 주기 시작했다.
마침내 아기가 하나둘 튀어나오고

모든 아기가 나왔을 때 엄마의 생명은 스러져갔다.

마지막 아기가 눈을 뜨고 나를 쳐다본다.

죽은 사람이 내 엄마야?

그 소리에 놀라 번쩍 눈뜬 나는 분만실로 뛰어갔다.

분만실 안은 산모들의 신음으로 가득 차 있었다.

## 극장


나는 시간
매달린 박쥐
시궁창 속에 쥐

스크린 속으로 빨려간다.

아픔도
슬픔도
기쁨도
분노도
나의 생각마저도

스크린 속으로 들어간다.

불이 켜지고
나에게는
손에 든 오징어와
쓸쓸히 다가오는
극장 앞

겨울바람뿐

# ARREST

응급실과는 다른 느낌의 중환자실은
새벽이면 더욱 조용해진다.
꼼짝도 못하고 누운 나무들 속에
나와 할머니는 미동도 없다.

갈라진 손톱과 밭고랑 같은 얼굴
침대라곤 평온하게 처음 누워본 것 같다.
삶의 끝을 얘기하는 심전도

갑자기 일직선이 그려지고
간호사의 카랑카랑한 목소리가 중환자실을 깨웠다.

심정지!

의사와 간호사들이
순식간에 할머니를 둘러서지만
거무튀튀한 얼굴은 퍼렇게 변하고 말았다.

보호자들의 부스스한 통곡 소리

그 앞에 의사는 우두커니 서 있다.

영안실로 옮겨지고 난 뒤
중환자실은 고요함을 되찾았다.
창문밖에는 사람과 간판의 물결이다.

할머니가 있었던 곳은 빈 침대만 남았다.
그리고 나무 숲속에 또 나만 혼자 남았다.
바깥에는 비가 오는지 흐리게 보였다.

* ARREST: 심정지. 병원에서 가장 응급한 상황인 심정지 때 제일 먼저 발견한 의료인이 외치는 소리다.

## 물개 쇼

매일 매일 싫어도 물고기를 먹기 위해
조련사가 시키는 대로
움직여야만 하는 수족관 물개

구경꾼들은 손뼉 치며 좋아하지만
나는 마음이 불편했다.
꼭 내가 물개가 되어 채찍을 맞으면서
재주를 넘는 것 같다.

아침부터 저녁까지
정해진 틀대로 끊임없이
병원 안을 움직이고 부딪히며
헤매는 내 모습과 겹쳤다.

그날 이후
물개 쇼를 하고 있는
나를 본 적이 없다.

# 분만실 밖 하늘

화창한 봄날
교도소 같은 분만실에 갇혀서
창밖 푸른 하늘을 바라본다.

새는 날고 흰 구름은 흘러간다.
아기 구름
엄마 구름
그런데 아빠 구름은 없다.

한 명 두 명
아하 쌍둥이구나!
엄마가 옆에서 웃고 있네.

강아지, 고양이
그리고 코끼리
사자의 모습도 보인다.

그리고
그 옆 회색 구름 속에는

산부인과 의사도
우두커니 서 있다.

## 왜 하필

나는 너의 인격을 믿었건만
너는 나를 당황케 했다.

왜 하필
내가 소개팅해준 여자에게
가슴이 절벽이라고 말했나.

왜 하필
신경 써서 소개한 여자에게
너의 옛날 여자 이야기를 하냐.

왜 하필
끝까지 무매너로 일관하며
나를 난처하게 만들었나.

내가 소개해 준 여자에게

그러고도 마음에 든다고 전화번호 가르쳐 달라고

너를 친구 자리에 그대로
둘 수 있을까?
나도 알 수 없네.

## 회한

깊은 어둠 뚫고 나오는 너
울음이 앞을 가린다.

맑은 웃음 환한 햇빛이
무엇인가 알만한 나이면
너도 나처럼
누런 종이가 될지어다.

어쩌다가 생각나듯
들쳐 볼 과거의 한 페이지 페이지마다
깊은 회한 자국 가슴에 새기리라

그러던 어느 날
한줄기 아름다운 빛을 다시 만날 때
잊힌 태곳적 아른한 햇빛처럼
다시금 너는 환희를 찾겠지만

그것이 가져온 엄청난 고난과 시련을
감당할 만큼 자신을 돌볼 때가 되면

네 몸 위에 붉은 햇빛 십자가를 드리울 것이다.

# 어느 시골길 모퉁이 찻집


아침 회진 때 들어먹은 욕으로
배가 부르고
더부룩한 속에 담배 한 대 꼬나물면
문득 생각난다.

어느 시골길 모퉁이 찻집

손님은 어디에도 볼 수 없고
　그저 난로에서 연기가 뿜어 나오듯 주전자에서 꾸륵꾸륵 물이 끓는

　호호거리는 손을 이끌고 따뜻한 난로 옆에서
　지난날 모든 괴로움까지 툴툴 털어도 모두 받아줄 것 같은 곳

　내가 먹은 욕을 다 토해도
　더 지저분해지지 않을 바다같이 푸른 찻집으로
　다시 가고 싶다.

고난의 보따리를 짊어지고 해지면 김치에 소주잔을 기울일 수 있는
 지금은 멀게만 느껴지는


 어느 시골길 모퉁이 찻집으로

# 출근

더 자고 싶지만 자명종 소리 때문에 잘 수가 없다.

하고 싶지 않은 일이지만 꼭 해야만 한다는 세뇌와
몸부림으로

채찍에 못 이겨 앞으로 나아가는 가축과 같이
내 한 몸 부르르 떨며 잠에서 일어난다.

반복되는 출근의 끝에는 과연 무엇이 기다리고 있을까?

오늘도 자명종의 파동은 공기 속에서
나의 살을 뚫는다.

# 사랑니

약기운이 떨어지는지 아파지기 시작한다.
서서히

잘생긴 이웃들 사이에서 어찌 너만 퇴거를 당했는지

바로 네가 나를 아프게 했기 때문이다.

드릴과 망치 소리에 너도 고통을 겪었지만

나 또한 너를 떠나보내는 맘 슬퍼서

이렇게 며칠 동안 눈물 흘리고 있다.

# 푸른 하늘

깜깜한 밤
푸른 하늘을 생각합니다.
되짚듯이 지나온
암흑 속에서

마음속 푸른 하늘을 생각했기에
나는 여기서 견디고 견딥니다.

아무도 보이지 않는
모두 잠든 이 밤에

학교 한 귀퉁이
조그만하게 작아진 내 모습

새벽은 아직 멀었지만
그리고 언제 올지도 모르지만

곧 새벽이 온다는 말보다
버티고 버티다 보면

버팀에 익숙해질 때
어느새 아침은 올 겁니다.

그리고
푸른 하늘도 볼 수 있을 겁니다.

# 언제인가

목구멍에 가시가 걸린 아픔도
치질 걸려 앉지 못하는 고통도
손끝 갈라져 피 터지는 통증도
하늘이 무너지는 출산의 아픔도
시한부 인생 살며 하루하루 힘들게 버티더라도

사랑하는 이가 곁에만 있다면 견딜만하다.

긴 세월 흐르고
갈기갈기 짓이겨진 바람 난 가슴에
뽀얗게 새살 돋아나고 피멍울 걷힐 때쯤
가슴속 깊은 슬픔도 조금씩 사라져 가지만
떠난 사람의 파편이 한번씩 삐져나오면

돋아난 살 터지는 아픔을 다시 느낀다.

찢어진 가슴 한 줌 한 줌 모으며
참아야 한다.
견뎌야 한다.

그리고 언젠가 나의 가슴에도 환하게 비춰줄
사랑이 찾아올 때까지

사랑했던 이를 가슴에 묻고 살아야 한다.

# 타락

무화과 열매를 따 먹은 아담과 하와처럼
아마 타락이란 말도 그때 처음이리라.

바닷속 돌기둥 부여잡고 통곡하는 심정으로
죽은 부모의 시신 앞 절박한 심정으로

타락을 경험한다면 이 세상 타락한 사람 아무도
없으리라.

섹스처럼 자위처럼 그리고 죽음처럼 그렇게 다가오는
열망의 기다림

타락의 기준은 인간이 인간에 씌운 굴레
시간처럼 존재하지 않는 것

나는 자신 있게 타락하기로

그리고 그건 타락이 아니라고 말하고 싶다.

## 바람

창가에 비치는 밝은 햇빛이 오늘 아침에는 참 아름답습니다.
희망이 사람을 멋있게 할 수 있다는 것을 오늘에야 알았습니다.

나에게는 작은 희망이 있습니다.
커다란 집도 멋진 자동차도 높다란 명성도 아닙니다.

봄이 오는 것을 느낄 수 있는 마음의 여유와
아름다운 것을 볼 수 있는 눈이 있어 주기를 바랄 뿐입니다.

그리고 이렇게 아름다운 아침 햇살을 옆에서 같이 보아줄 친구가 있었으면 합니다.

오늘같이 좋은 날

그 친구를 만날 것 같은 생각만으로도 나는 행복합니다.

# 아르바이트

오늘도 녀석과 당구장에 갔다.
죄책감보다는 마음이 편했다.

꿈이 일식집 사장인 학생은
나와 함께 담배를 입에 문다.

수업료를 받는 그날만은
마음이 편하지 않았다.

하지만 오늘 또 수업 시간에 얘기했다.
오락실에서 너구리 한판만 하자고

* 너구리 게임: 1980년대에 유행한 오락실 게임. 너구리가 장애물과 악당을 피해서 과일을 먹는 임무를 완성하면 게임에서 승리한다.

## 땡칠이

하염없이 애처로운 표정으로 오늘도 옆에서 나를 쳐다본다.

애미의 애미의 애미가 생존을 위해서 너의 얼굴을 만들고

억겁을 돌아 지금 너의 모습이 몸짓과 행동으로
사랑받는다.

후생에 후생을 더하고 또 더하면 언젠가 그 얼굴이
나에게도 올 것 같다.

\* 애미: 어미의 경상도 방언.
\* 땡칠이(둘리): 이십 대에 내가 키웠던 애완견 이름.

2

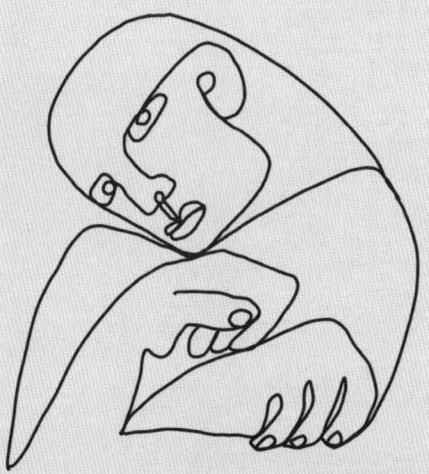

누구나 시를 보고 싶을 때가 있다

# Vanishing Twin

넌 너의 몸속에 엄마와 아빠의 DNA만 있는 줄 알지?

우리가 함께 엄마 자궁에 있었을 때 너와 다투었던 난 너의 또 다른 쌍둥이야!

네가 이겼다고 생각하지만 난 그렇게 사라지진 않았어.

너를 파고들었지.
너의 몸속에 있었던 친구 DNA가 나에게 한자리 내어주더군.

내 몸은 너의 영양분이 되었지만 대신 난 DNA를 너에게 남겼어.

아마도 앞으로 영원히 나는 너를 바라다보고 있을 거야.

네 몸속 구석구석엔 네가 상상하지도 못한 친구들이 많아.

얼마 전 다녀간 바이러스의 DNA도 너와 난 앞으로 소중히 간직할 거야.

그러니까 네 몸이 너의 것이라고 생각하지 말았으면 해.

명심해.

나는 나를 위해 언제든 너를 희생시킬 수 있으니까.

---

* Vanishing Twin : 임신 중 이란성 쌍생아 가운데 한 명이 자궁에서 성장하던 과정에서 완전히 흡수되어 사라져버린 경우를 말한다. 흡수된 태아는 DNA를 살아남은 다른 쌍둥이에게 남기기도 하는데 드물게 생식세포를 차지하기도 한다. 이런 경우 생존한 쌍둥이가 자손을 남기는 경우, 본인의 DNA가 아닌 흡수한 Vanishing Twin의 유전자를 남기는 경우도 있다.

## 슬픈 바이브레이터의 추억


수술대에 누운 환자에게 묻는다.

섹스 파트너의 굵기와 길이를.

연필심처럼 가늘고 길이는 보통이에요.

사이즈는 평상시와 발기했을 때가 비슷합니다.

만족이 되지 않아서 바이브레이터를 사용했어요.

수술 이후에는 사용하지 않아도 될까요?

수술을 하더라도 100퍼센트 만족감을 느낄 수는 없습니다.

개선은 될 겁니다.

한 가지만 더 질문할게요.
왼쪽 가슴이 오른쪽 가슴보다 많이 작아요.

어떻게 하면 되나요?

왼쪽 가슴에 더 많은 자극이 필요합니다.
성관계를 할 때 왼쪽 가슴을 조금 더 애무해달라고 하세요.

환자는 수술 후 한참 동안 바이브레이터를 사용하지
않았다고 자랑했다.

그리고 또 얼마간 시간이 지난 후 다시 만난 환자는

바이브레이터와 그냥 친구하기로 했어요.

## 각설이

수도승의 환생인가?
파토스의 결정인가?
내가 바로 그다.

세상을 바라보는 눈빛
눈빛에 담겨있는 나
초월에 초월을 해서 닿은 정념(情念)

푸른색 수의(壽衣)
해 질 녘 검게 보이는 하늘
파란 미소가 바다를 본다.

마음을 열어보는 기(氣)
지식의 업(業)으로 완성된 모습
시간과 공간을 넘어선
초인으로 마주선다.

* 각설이: 1965년 속초에서 태어나 강원대 미대를 나와 '글과 그림'
  동인으로 활동하며 꾸준히 그림을 그려온 김종숙 화가의 작품.

# 결정

친정엄마가 왔다.
딸을 위해 빨리 아기를 놓게 해주세요.

시어머니가 왔다.
아기가 엄마 뱃속에 더 살 수 있도록 도와주세요.

아빠는 아무런 말이 없다.
산모의 상태는 조금씩 나빠져 간다.

엄마가 말한다.
아기를 위해서 제가 조금 더 참을게요.

나는 말했다.
산모 상태가 더 위중해지기 전에 분만합시다.

시어머니가 말한다.
아기가 조금 더 늦게 나오면 생존 가능성이
더 높지 않나요?

아빠를 쳐다본다.
여전히 아빠는 아무런 말이 없다.

엄마가 말한다.
나의 건강보다는 아기를 먼저 생각해 주세요!

다들 아무런 말을 하지 않는다.

## 처음은 사랑이 아니다

맨 처음 사랑은 사랑이 아니다.

아니,
처음은 사랑이 없었다.

반복과 닮음만 있었다.

사랑이 사랑인지
전달인지
눈물인지
고통인지

맨 처음 사랑은
옥시토신이다.

그리고 사랑이 되었다.

* 옥시토신(Oxytocin): 뇌하수체 후엽에서 분비되는 호르몬. 자궁 수축 호르몬이지만 사랑의 호르몬이기도 하고 분만 이후 신생아의 수유를 위해서 유선의 근육을 수축시키는 호르몬이기도 하다.
* 다면발현 유전자: 하나의 유전자가 두 개 이상의 표현 형질에 영향을 미치는 현상. 다면현상·다형질발현(多形質發現)이라고도 한다.

빛

원래 빛은 비추는 것이 아니라 스스로 발현되는 것

자기에게 나오는 빛이 없다고 생각하면

그 빛은 사라져

하지만 스스로가 빛이 있다고 믿는 그 순간

밖에서 비춰주는 것처럼 자신의 빛이 드러나

이제 자신은 믿고 빛을 보여주면 돼

## 붉은 돼지

오늘도 '붉은 돼지'를 봤어.
벌써 열흘째야.

'포르코'는 꼭 날 닮았어. 아니 닮았으면 좋겠다.
난 그런 돼지가 되고 싶었는지도 몰라

그런데 아드리아해의 '지나'는 오늘따라 자꾸 당신과 겹쳐져 이상하지?

'지나'는 많은 남자에게 사랑받지만 진짜 좋아하는 사람은 '포르코'야.

오직 '지나'만 '포르코'의 마음을 읽어내지.

바다 위로 떠다니는 배와 그 위를 비행하는 '포르코' 그리고 '지나'……

'붉은 돼지'를 볼 때마다 나는
'포르코'처럼 살고 싶다고 생각했어.

하지만 '포르코'와 '지나'는 이루어지지 않아.

내일도 "붉은 돼지"를 보려고

* 붉은 돼지: 국가도 법도 모르는 자유로운 낭만주의 현상금 사냥꾼 비행사 포르코의 이야기를 다룬 스튜디오 지브리의 일본 애니메이션 영화. 감독은 미야자키 하야오가 맡았고 1992년에 개봉되었다.

# 향 1

향을 태우며 오래된 나무의 잔향이 내 방에 가득 찬다.
산소와 결합한 탄소가 연기로 사라진다.

향을 맡으면 나무가 사라지고
남겨진 탄소 분자가 내 몸 깊이 들어와 나의 혈액을
채운다.

향을 느끼며 당신과 함께한 나무와 공기와 원자가
지금 바로 이 순간 나와 함께하며 숨죽인다.

향에 취하며 뇌리 안에 있는
기억과 사랑과 음악과 추억과 살 내음과 당신이
불려온다.

향에 싸이며 나와 당신과 공기와 탄소와 원자가
이 세상과 무한히 연결되어 있음을 느낀다.

나와 향과 당신은 하나가 된다.

## 비행

아침 일찍 바닷가를 걸었다.

수백 마리 새가 무리 지어 날아간다.

출항하는 어선을 따라가나 싶었지만 이내 방향을 틀었다.

선두에 있는 새는 이제 날기 시작하는 어린 새를 북돋운다.
새는 상승하고 하강하며 원을 그린다.

처음 새의 방향을 따라 뒤따르는 새들의 몸도 요동친다.

다가오는 겨울을 준비하고 먼 남쪽 나라로 가야 하는 연습

인생에 맞서듯이 바람 앞에서 퍼덕인다.

새 무리가 어느새 사라졌다.

# DNA

그녀를 보면 내 속의 DNA가 보인다.
그 녀석은 내 몸 안 어디쯤에서 나를 살펴보고
조정하고 있다.

내가 그녀를 좋아하게 된 것이 나의 마음일까?
아니면 나의 DNA일까?
그녀의 냄새를 맡고 눈길 주기를 시키고 밥을 먹자고 하고
열정을 불러일으킨 건 나일까 녀석일까?

녀석과 나의 기 싸움이 시작되었다.
나의 모든 행동과 신경세포를 장악하고 있는 놈에게
대항해서
새로운 신경망을 만들고 거기에 고속도로를 낸다.

사물을 바라볼 때는 항상 나의 관점과 녀석의 관점을
같이 생각하고 비판하고 비난한다.
하지만 아닐 때도 있다.

드물게 의견이 일치될 때도 있다. 특히 그녀를 바라볼

때는.
　그러다 문득 생각이 든다. 그놈의 계략일까?
　이것조차도 미리 생각을 해둔 것이 아닐까?

　나는 그녀에게서 나의 DNA를 본다.
　모습도 행동도 모두 다르지만
　그녀의 마음속에 나의 DNA가 있는 것 같다.

# 고구려

해운대 바닷가 안쪽에는 고구려가 있다.

자정 무렵이면 대리기사와 웨이터들의 소리가 뒤섞인다.

대륙을 품고 달렸던 고구려는 그렇게 부산에 다시 태어났다.

고구려에서 남자들은 취하고 취한 몸은 술이 마신다.

사냥감을 다른 동굴 너머로 던지던 그 시절이 그리워서인가?

이야기를 들어줄 여자를 찾아서 헤매고 있다.

술이 남자들을 먹기 시작하면 끝이다.

하지만 내일도 고구려일 것이다.

## 당신도 그러하겠지

오랜만에 소식을 전한 그녀는 내가 그립다고 했다.
남자를 만나면 고기부터 먹어보지만.
나만큼 고기를 잘 굽는 남자가 없었다나.

연인들의 비밀 방에는 아무나 자유롭게 오갈 수 없다.
그런 방에서 여인은 문학적이고 남자는 원초적이다.

고기를 가장 맛있게 먹어주던 당신이 딱 전화가 오는 순간부터 생각났다.

당신은 문학적이고 난 원초적이다.
하지만 원초와 문학은 결국 고기로 통했다.

당신도 그러하겠지

# 탯줄

아주 오래전부터
이미 너는 나를 알고 있었어.

억겁의 시간 속에
얽히고설킨 실타래처럼

오랜 시간 서로를 찾지 못한
매듭의 양쪽이

마침내 만났어.
그리고 줄을 이었지.

다시는 시간 속에서
서로를 잃어버리지 않게.

# 담쟁이

담쟁이넝쿨이 자란다.
오늘 아침 회진 때 보았다.

돌본 것도 아니고 물을 주지도 않았는데
육층 정원에서 길게 팔을 늘어뜨리고 오층까지 내려왔다.

수술 후에 그저 그렇게 상처는 저절로 아물고
조직과 세포가 생겨난다.

비 온 뒤 하늘은 맑게 개이고
구름이 물 위에 비친다.

담쟁이넝쿨이 자란다.

벽을 타고 걸어간다.

# 용이 출몰하는 사회

용은 원래 인간과 다른 영적인 세계
어둠이 빛을 보여주고 악이 선을 보여주듯
영적인 세계가 세상을 감싸고
인간의 평온은 유지되는 것

용을 경외하는 마음이 점점 사라지는 세상
우리는 땅과 하늘 동심 사랑 고귀 아픔 슬픔 우정을
비교하고 감응하고 비유하고 표징(標徵) 한다.
본질은 사라지고 주석(註釋)만 남았다.

머물러 있어야 될 것을 잊어버렸다.
에피스테메 속에서 헤맨다.
광인이 되거나 시인이 된다.

용이 출몰한다.
용이 용의 의미를 가지지 못한다.
그래서 여기저기에서 용들이 나타난다.

* 에피스테메(epistēmē): 플라톤 철학에서 이데아에 대한 지식을 이르는 말.

## 그리움 1

왜 네가 옆에 있어도
나는 너를 그리워하지.

그건 우리가 서로를 밀어내기 때문이야.

서로를 밀어낸다고?
이렇게 서로를 원하고 있는데

우리는 원자로 이루어져 있어.

원자와 원자가 일정한 간격을 두고
밀어내기 때문에 우리가 존재해.

당겨지면 융합되고 존재는 사라져.

책도 하늘도 파도도 지구도 우주도

존재하고 인식되기 위해선 서로를 밀어내야 하니까.

그래서 항상 그리운 거지.

## 그리움 2

아득히 보이는 조그만 불빛
다가갈수록 다가갈 수 없는 힘

빛의 덩어리를 찾아 다시 떠나지만
내가 있을 곳은 없어

그래서 다시금 길을 떠나

수십 억 년의 시간을 돌고 돌아
마침내 나는 다른 나와 만나 둘이 되어
나를 잊어버렸어.

그리고 그리움도 이젠 소멸했어.

# 당부

무리하지 말고 유유자적
마음 편하게 쉬어

베르나르 뷔페도 너무 쳐다보지 말고
그냥저냥 내버려 둬

애달프더라도 글들은
자기가 알아서 살아갈 터이니

그저 절에 계신 부처님께
마음 평온케 절이나 하고 와

그래도 간 김에 나의 소원 하나는
빌고 돌아와

네 것을 빌 때 없어서

* 베르나르 뷔페(Bernard Buffet, 1928~1999): 프랑스의 화가.

## 카톡

카톡을 보는 701호 산모는 조기 진통으로 입원한 지 사십일 째

처음은 환자들과 얘기하고 아기와 매일 대화했어.

하지만 모든 것이 반복되고 유사함에 지쳐가

같은 방의 환자들이 또 퇴원하고 바뀐 환자들조차도 익숙해져

익숙함은 외로움을 만들고 외로움이 다시 공허해지지.

온전히 혼자일 수 있는 시간도 혼자일 수 없게 만들고

뱃속 아기와 함께 다른 세상의 상상도 하지 않아.

701호는 산모는 오늘도 카톡에 입원 중

## 택도 없다

눈부셨다.
쳐다보다가

귀먹었다.
소리 듣다가

턱 나갔다.
뽀뽀하다가

* 택도 없다: '어림없다'의 전라도와 경북 지방 사투리. 너무 차이가 심해 격차를 메꾸기 어려운 상황을 말한다.

## 나의 비문

나는 누구와도 같지 않았습니다.
나를 닮았던 사람도
나처럼 말했던 사람도
나처럼 글을 썼던 사람도
나처럼 자유로운 영혼을 가졌으면서도
스스로 영혼을 아름답게 제어할 줄 아는 사람도
없었습니다.
나는 영혼까지 읽어내는 가장 완벽한 경청자였습니다.
용서와 사랑이 무엇인지 나만의 방식으로 실천하고
곁에 머물고 있는 사람들을 그들다움으로 해방한 신의
인간이었습니다.
글로 쓰이지 못할 내 묵언은 당신이 읽어내야 할 몫입니다.

그래요 맞아요.

다음 생에는 이번 생의 비문처럼 살고 싶습니다!

## 그래서 어쨌단 말이냐


로니 제임스 디오 형님이 사망한 지 벌써 15년이 되어간다.
내가 자주 불렀던 블랙사바스의 'Heaven & Hell'을 듣는다.
규칙적이거나 불규칙한 맥박이 느껴진다.

그래서 어쨌단 말이냐.

고등학교 시절 처음 들었을 때의 감동을 잊을 수 없다.
LP를 턴테이블에 올려놓고 바늘이 가느다란 음표의 계곡을 넘나들 때
거기서 흘러나오는 장엄한 기타의 전주곡

그래서 어쨌단 말이냐.

가사의 내용을 알고는 더욱 흥분하게 되었다.
The closer you get to the meaning, sooner you'll know that you're dreaming
이렇게 심오한 가사를 들은 적이 없기에

그래서 어쨌단 말이냐.

합주할 때, 경건한 의식을 치르는 한 명의 사제처럼
주이상스를 향한 목마름은 속박과 충동을 조율하면서
도달한다.
밴드 구성원 각자는 무아지경에서 자기만의 황홀을 느낀다.

그래서 어쨌단 말이냐.

지금 내 방안에 울려 퍼지는 디오 형님의 목소리를
LP와 턴테이블과 바늘이 음악의 계곡을 통과할 때의
소리로 듣지는 않는다.
음악의 완성은 시간의 흐름 속 반복할 수 없는 유일무이에
있지만
이젠 나만의 아카이브인 Tidal을 통해서 쉽게 반복한다.

그래서 어쨌단 말이냐.

편리함이 아쉬움을 만드는 건 왜일까?

클릭 한 번에 나타나는 디오 형님이 오늘따라 멀게만 느껴진다.
내게 허락된 미칠 자유를 위해
다시 한번 LP를 꺼내는 제사의 순서를 시작해야겠다.

그래서 어쨌단 말이냐.

* TIDAL: 음원 스트리밍 서비스.
* 로니 제임스 디오(Ronnie James Dio, 1942~2010): 미국의 헤비메탈 보컬리스트이자 작곡가이다.
* 주이상스: 라캉의 조어 가운데 번역이 가장 분분한 용어이다. 지금까지 '희열', '향유', '즐김' 등으로 번역되었으나 모두 어느 한 면을 가리킬 뿐이다. -『네이버 지식백과』

## 보이지 않는 먼지

우리가 인식하는 세계의 존재는

우리가 규정하는 것이고 눈을 감으면 사라지지.

보지 않을 때 파동이었다가 보면 인식되는 입자들처럼

이 세상은 우리가 인식하는 방식으론 존재하지 않아!

그래서 우리는 세상의 흐름이라는 파동에 몸을 싣고
인식되기 위해 떠다니는

한낱 먼지이고 입자인지도 몰라.

## 꽃과 나무

이른 새벽
성판악 입구에 도착했다.
비가 쏟아진다.
사람들은 망설이다 돌아선다.

속밭대피소에서 물 한 잔 마시고
속도를 올렸다.
숨이 턱까지 차오르지만
쉬지 않고 내달린다.

사라 오름 입구를 지나
진달래 대피소까지
비와 안개와 구름이 뒤섞인다.

백록담까지 한달음에 올라갔다.
아무도 없고 아무것도 보이지 않는다.

내려올 때 그제야 꽃과 나무가 보였다.

그것은 내 마음이었다.

# 소통

새가 난다. 고양이가 보인다. 구름도 아름답다.

하지만 그녀에게 전화가 닿지 않는다.

책을 보았다. 영화도 감상했다. 향을 피우고 기타를 연주했다.

그런데 문자의 답은 왜 없는 걸까?

밥을 먹고 물을 마시고 환자를 보고 수술을 했다.

어둑할 무렵 휴대전화가 울렸다.

새도 책도 밥보다도
흑백의 세상을 무지개 빛깔로 채색하는

이 소리는 무엇인가?

## 사랑한 후에

SEX 후에 남성이 이성적이지 않다면
관계를 정리해야 할 때다.

허탈했다면 더욱더

이성이 감성을 이길 수 있는 유일한 찰나의 순간은
SEX가 끝난 직후다.

남녀의 관계에서 여자는 항상 남자보다 뛰어나다.
그래서 여자는 항상 위대하다.

겨우 남자가 여자에게 이긴다고 착각할 때는
남자가 여자를 조금 덜 사랑하는 순간뿐

SEX 후에 여성이 감성적이지 않다면
관계를 정리해야 할 때다.

허탈했다면 더욱더

## 죽는 줄도 모르고

오늘도 음식을 장 속으로 밀어 넣었다.
세균들은 세로토닌으로 보답한다.
세로토닌은 나를 행복하게 만든다.

그래서 나는 또 먹는다.

그녀와의 스킨십은 나를 흥분하게 만든다.
옥시토신이 분출된다.
사랑의 마음과 기쁨이 용솟음친다.

그녀를 위해서 죽을 수도 있다!

힘든 하루 후 곯아떨어졌다.
참 고단한 하루였다.
뇌하수체에선 성장 호르몬이 나온다.

이제 세포는 죽음에 조금 더 다가갔다.

어려운 성공 뒤에는

도파민과 엔도르핀이 나온다.
흥분이 실패를 누르고 무작정 뛰어든다.

중독되어 죽는 줄도 모르고.

몸 안에서 내 생각과 상관없이
내 몸을 조정하는 너는
아마 나보다 더 먼저

내 몸 안에 있었나 보다.

# 존재

나는 내가 누구인지 모르겠다.
인식과 죽음도

밤마다 일어나는 꿈
환영의 모습들
전생의 기억도

나의 DNA 속에 있는
생명의 탄생부터 지금까지 이어진
수억 겹 켜켜이 쌓인 존재의 지문

축적된 죽음의 그림자들이
내 속에서 나를 본다.

크리스토프의
거짓말의 거짓말의 거짓말

그것을 존재로 착각하고
오늘을 인식하고 내일을 본다.

하지만 흐르지 않는 시간 속에
나는 내가 누군지 아직도 모르겠다.

* 아고타 크리스토프(Agota Kristof, 1935~2011): 헝가리 소설가.

# 부끄러움

결혼이 꼭 인생에서 필요한가요?
그렇게 생각하지 않아요.

결혼을 하면 꼭 아기를 가져야 하나요?
그렇게 생각하지 않아요.

결혼도, 아기도 필요 없다면 연애는요?
그것과 그건 별개의 문제죠.

아기에게 이 세상은 너무 살기 힘든 곳이예요!
우리가 경험해 보아서 알죠.

아니면 우리가 부끄러워서 일거예요.
무엇이 부끄럽다는 건가요?

내 아기의 엄마가 나라는 것이 그리고 이 세상을
보여주기가 부끄러운지도 몰라요.

# 심장병

임신을 지속하면 죽을 거예요.
당신의 심장은 출산을 버틸 수 없어요.
…….
두 분 깊이 생각해 보세요

그럼, 아기는 살 수가 있나요?

아기가 살아도 엄마가 볼 수 없을지도 몰라요

엄마가 없는 아기의 삶과 아기가 없는 엄마의 삶 중에 선택하라는 거죠?
…….
아기를 놓겠어요!
나는 이 세상에 없더라도
아기가 남아 있을 수 있다면

우리 모두 언젠가 죽잖아요.
나도 세상에 온 이유를 찾고 싶어요.

# 향 2

나무가 가진 독특한 체취는
그 나무가 살았던 시기의
자연이 동화되어 있다.

바람과 구름, 비, 천둥, 태양, 달
그리고 흙의 숨결이
나무의 뼈대와 분자를 바꾸고
굳혀져
결정체인 향이
마침내
우리에게 온다.

하루를 근근이 살아내고
모닥불에 둘러앉아
마음의 평온과 위안을 받았던
기억을 살리려고

그 불과 연기에 대한 경배의 결정체
향을 만들었다.

내가 죽어 나무가 되면
아마 나의 체취도

먼 훗날 누군가의 향일 것이다.

# 미토콘드리아

Rachmaninoff Piano Concerto No. 2 in C minor를 들으면

쓸쓸히 옷깃을 세우고 걸어가는 남자가 떠오른다.

사랑했으나 실연의 아픔을 간직한 채 걸어가는 사람

미토콘드리아는 세포에 잡혀서 평생을 살다가 죽으며 자기의 유전자를 남겼다.

유전자가 쌓이고 세포는 사람이 되었다.

사랑하는 사람이 떠나고 남긴 채취와 몸짓이 우리 몸에 남아

노래가 되고 노래들이 모여서 내 몸을 만들었다.

Rachmaninoff Piano Concerto No. 2 in C minor는 내 몸이 되었다.

# 죽음과 고통

나의 순간은
죽음과 동거한다.

삶이라 바로
순간과 순간의 반복과 연속

세포가 움직이고
영혼이 나의 귀에 속삭인다.

공기와 물 중 하나만 사라지면
나의 인식은 사라지고
영혼도 사라진다.

죽음은 바로 옆에 있다.
고통은
내가 살아 있다는 증거

나는 고통을 참으며
순간을 살아간다.

발문

# 소리로 접신(接神)하고 시로 주해(註解)하다

박성식

　나는 사람이 동물이라고 여긴다. 여기서 동물이란 움직이는 생명체란 의미가 아니라 개, 돼지, 말, 호랑이 등 짐승들을 뜻한다. 인간의 본성이란 동물의 본능에 다름아니다. 내 눈에는 사람을 여타 동물들과 차별 짓는 문명화된 특징들도 다른 동물들을 서로 구별하는 차이점들과 비교해보면 별반 다르지 않다. 도리어 원래 문명화란 사람의 본능을 충실히 구현하기 위한 기술이자 도구가 아닌가 한다. 인생경험이라는 내 보잘것없는 밑천을 주머니에서 꺼내 헤아려보면 문명화되길 갈망하거나 문명화된 자신을 내세우는 사람일수록 예외 없이 본능에 충실했다. 그러나 어느 순간부터 문명은 인간을 자연에서 연유한 본능으로부터 격리해 문명 자체에 종속시키기 시작했다. 그렇게 문명은 물신(物神)의 탑을 쌓아갔다. 신은 우리를 떠나 문명의 저 높은 곳으로 떠나갔고, 자연은 스크린이나 미디어아트의 디지털 세상으로 존재한다. 이제 그 정점에서 인간과 동물의 가장 큰 차이로 믿어져 온 영혼마저 인공지능이 접수하는 단계다. 마치《설국열차》에서 벌어지는 광란의 파티를 보는 듯하다. 그러나 인류문명의 향배와 상관없이 궁극에 존재하는 자연의 법칙은 한 치 어긋남이 없는 그대로이며, 저 위에 있다는 신은 물신일 뿐 신은 여전히 만물에 내재하고, 인간의 본성은 다른 모든 생명체와 마찬가지로 그러한 자연으로 이어진다고 믿는다.

저자인 이재준과는 책으로 만났다. 그의 생업과 관련된 첫 번째 저서와 그의 에세이 모음인 두 번째 저서를 모두 내가 예전에 경영한 출판사에서 펴내었다. 그리고 이제 그의 세 번째 저서인 시집의 첫머리를 청탁받으니 예사롭지 않은 인연이다.

처음 만난 순간부터 이제까지 솔직한 욕망을 변함없이 드러내는 그의 야수 같은 눈을 기억한다. 그는 야수성을 감추지 않는다. 세월이 흐르며 지혜로워지고 야수의 눈길 뒤로는 점차 심연이 드리우지만, 주변 모든 것을 닥치는 대로 먹어치우는 끝없는 탐욕에 가까운 그의 지적인 욕구는 본능에 다름아니다. 그리고 그는 본능의 요체(要諦)를 음악으로 표현한다. '뽕필'이 풍기는 록(Rock)을 불러제끼는 한편으로 그는 장르를 막론하고 수많은 음악을 집어삼켰다.

　어느 화창한 가을날 오후 그가 자못 진지하게 "록은 '날 것'"이라고 말했다. 나도 진지하게 "그러냐"고 선택 없이 답했다. 그날 이후 얼마나 '날 것'에 가까운지가 록에 대한 나의 평가 기준이 됐다. 세월이 흐른 뒤 내가 번역했던 야성을 주제로 한 중편소설의 귀퉁이에 '날 것'이라는 단어를 집어넣어 그에 대한 오마주를 소심하게 표현했다.

　지금으로부터 딱 십 년 전 어느 비 오는 봄날 밤 제주도 성산 오지의 낡은 집 뒤채에서 그가 새로 시도하는 작곡법과 그 결과로 나온 실험 음악을 내게 조심스럽게 들려줬다. 나도 조심스럽게 이게 음악이냐고 물었다. 그러자 그는 기다렸다는 듯 눈을 번뜩이며 음악에서 소리로 그리고 파동으로 이어지는 음악을 통한 세상과 자연에 대한 논리를 파도처럼 몰아치며 나를 덮쳤다. 나는 조용히 압도당했다. 그가 소리를 통해 자연의 저변에 존재하는 아나키의 법칙에 다다랐음을 직감했다. 그렇게 밤을 지새운 다음 날 우리는 관음사를 거쳐 한라산을 함께 올랐다. 그날 이후 음악과 소리에 대한 내 기준이 송두리째 뒤집혔다. 나는 선사(先史)의 기억을 간직한 소리에 귀를 열기 시작했다.

그해 여름 내가 주관해 서울에서 열리는 어느 제주 사진가의 대형전시회 음악을 그에게 의뢰했다. 그는 새로운 작곡법으로 제주의 자연을 채집하고 소리로 변환해서 음악에 담았다. 그 음악은 그 여름 내내 천 평에 이르는 대형공간에서 수십만 년간 제주를 지켜온 풍경들을 감쌌다. 사족이지만 그 전시회는 내게 수억 원에 이르는 빚을 안겨줬고, 이재준을 포함 그 전시에 힘을 보탠 누구도 아큐 식의 정신승리 외 노력에 상응하는 어떤 현실적인 보답도 받지 못했다.

오지에 들거나 장거리 산행을 하다 보면 시공간조차 잃어버리는 순간이 있다. 바람도 멈추고 시냇물도 숨죽여 흐르며 오직 적막이 나를 감싼다. 정맥을 찾아 내 팔다리를 기어오르는 산거머리를 봐도 조용히 지켜봐야 마땅하다고조차 느껴지는 그때 어떤 일정한 소리가 내 의식에 들면 문득 이재준을 떠올린다.

오스카 와일드는 "나는 내가 평문을 써야 하는 책은 절대 읽지 않는다. 너무 많은 영향을 받기 때문이다."라는 명언을 남겼는데, 나는 이재준의 시 몇 편을 읽은 실수를 범했다. 하지만 그 실수를 통해 내 짐작이 맞았음을 알았다. 그의 시들은 예전에 내가 펴낸 그의 에세이와 마찬가지로 음악에 대한 그의 주해이다. 예전에 밥 말리 평전을 출간한 적이 있다. 그 평전의 부제를 "소리로 태어나 신으로 죽다."라고 붙였다. 이재준은 소리로 태어난 아이다. 그가 앞으로 어떻게 살다가 죽을지는 모르지만, 소리로 저 심연에 잠긴 세상과 접신했음을 확신한다.

단순하게
단단하게
단아하게

Ver.7 2020/11 도서출판 느린걸음
T 02 733 3773 | instagram.com/slow_walk_books
http://slow-walk.com | slow-walk@slow-walk.com